DEUX MOYENS D'ORDRE

ET DE STABILITÉ.

HOMMAGE

AUX MINISTRES SECRÉTAIRES D'ÉTAT, AUX DEUX
CHAMBRES LÉGISLATIVES, AU CONSEIL D'ÉTAT,
AUX CONSEILS GÉNÉRAUX DES DÉPARTEMENS, AUX
SOCIÉTÉS D'AGRICULTURE, ET PARTICULIÈREMENT

A

PAR

UN CORSE, EX — INSPECTEUR DU SERVICE DES SUBSISTANCES MI-
LITAIRES, ET EX-AGENT DES FINANCES AUX ARMÉES, SOUS
MM. SIVRY, LACHANTE ET DE LA BOUILLERIE.

> « Je compte sur les Français pour
> » m'aider à faire leur bonheur »
> *Paroles de* CHARLES X.

PARIS,

DEMONVILLE, IMPRIMEUR-LIBRAIRE,
RUE CHRISTINE, N° 2.

1827.

· AVERTISSEMENT.

Cet écrit sera composé de quatre feuilles d'impression tirées à mille exemplaires, dont les deux premières seront distribuées gratuitement, avec le présent, aux personnes qu'on présumera le plus intéressées à connaître les développemens qui seront donnés dans les deux autres feuilles. On pourra se les procurer à la librairie de *M. Demonville* et chez *Petit*, libraire, Palais-Royal.

En traitant, sans préambule, alternativement les deux questions des grains et des journaux, c'est donner la juste idée de la manière dont elles ont dominé les esprits de celui qui s'en est occupé, sans qu'il ait jamais pu savoir laquelle des deux touchait le plus à l'intérêt de la France.

PARIS. — IMPRIMERIE DE DEMONVILLE,
rue Christine, n° 2.

ANALYSE

Des avantages de l'association territoriale.

Le courage de l'agriculture sera promptement relevé.

Ses greniers, vu l'utilité des silos, reconnue depuis des siècles, ne seront plus, comme aujourd'hui, encombrés de valeurs mortes.

Le morcellement, dont le président du Conseil des Ministres a prouvé l'effrayante progression, sera arrêté.

Une réserve de blé, si nécessaire pour assurer la paix intérieure et l'avenir d'un grand peuple, sera obtenue.

Toute idée d'accaparement, dans les mauvaises années, sera à jamais détruite.

Les deniers publics ne seront plus compromis par les approvisionnemens extraordinaires qu'exigent les cas de guerre.

Le plus grand et le plus indispensable de nos produits, mis désormais en mouvement par sa représentation, viendra ajouter à la richesse et à la prospérité publique.

Les transactions dans les départemens seront facilitées par un signe qui ne pourra jamais connaître un instant de discrédit.

La force et le repos de la France, nos campagnes florissantes ne renverront plus leurs vigoureux enfans s'amollir et corrompre leurs mœurs dans nos villes.

L'agriculteur prendra une part active aux grandes exploitations des canaux, des routes et des défrichemens.

Le prix de la journée de travail aura une fixité qu'elle n'a pas encore eue.

Enfin, pour tous ces avantages qui réaliseront les vœux ardens du Roi et des Chambres en faveur de l'agriculture et de la sécurité publique, il n'en coûtera à l'Etat que l'*ordre* qui autorisera l'établissement proposé.

Celui des deux moyens , qui n'est pas traité dans la première feuille , est relatif aux journaux dont la liberté, même jusqu'à l'excès, pourrait subsister désormais sans danger, par une condition qui, aussi simple que facile dans son exécution , ne froisserait aucun intérêt particulier, et nous préserverait à jamais de la censure.

Comme il serait possible que, par suite de nouvelles lumières recueillies sur ces deux Moyens d'ordre et de stabilité, on ajoutât une cinquième et sixième feuille de développemens et de leurs motifs, il en serait donné avis par les journaux. Les personnes qui croiront avoir de bonnes idées sur les objets en question, sont priées de les faire connaître dans des écrits adressés, francs de port, à M. Collière, poste restante, à Paris.

EXPOSÉ

EN JUIN 1826,

PAR Mʳ M** DE V**,

DES MOTIFS D'UN MOYEN D'ORDRE ET DE STABILITÉ.

> Que sont les mécontens sans
> le secours du peuple !

Depuis plusieurs siècles, toute la sollicitude des gouvernans a toujours eu, ou a dû toujours avoir pour but, la solution d'un problème qui est arrivé jusqu'à nous sans avoir été résolu.

Chacun, à ce peu de mots, devine déjà que ce problème n'est autre que le moyen d'établir, sur des bases fixes et inébranlables, la soumission pleine et entière du peuple envers le Souverain ; et pour résoudre cette question, qui semble si difficile, nous ne savons malheureusement que trop à combien de projets les Rois se sont livrés ; enfin, à combien de rêveries et de chimères les penseurs et les intrigans eurent recours.

La société étant encore, sous ce rapport, dans l'état d'incertitude où l'ont vue les temps qui ne sont plus, prouve assez, par ce seul fait, que tous les efforts tentés, pour arriver à ce but, ont été infructueux.

Je vais en peu de mots, pour un sujet de cette importance, présenter, autant qu'il me sera possible, toute la question ; et, s'il plaît à l'auteur de toutes nos pensées, la solution qui la suivra sera tellement évidente, que chacun pourra dire, après l'avoir lue : c'est une vérité qui fut trop long-temps méconnue.

QUESTION.

Comment établir, d'une manière durable, l'ordre et la stabilité dans notre société?

Avant de présenter une réponse à cette question, il est urgent de se livrer à un court mais indispensable examen des élémens qui forment une société.

Je crois cet examen indispensable, parce que je pense que ce sont les différens besoins des différens élémens sociaux qui toujours confondus, quoiqu'ils soient essentiellement distincts, ont fait que, jusqu'à ce jour, les gouvernans ont négligé *un auxiliaire* plus utile à leur puissance que ne le sont les pointes acérées de tant redoutables baïonnettes; auxiliaire tel, que sa présence est, en France, le gage le plus sûr de la paix intérieure; auxiliaire dont l'absence ne peut être méconnue : car on voit bientôt accourir, pour le remplacer, le vol, le pillage, l'incendie et les révolutions. Et si l'on me demande pourquoi les Rois ont négligé de faire alliance éternelle avec lui, je répondrai : c'est que la classe aisée de la société se trouvant la seule qui, par sa position, pût être en contact avec les gouvernans, elle ne les a toujours entretenus que de ses besoins; et ses besoins, la nature des choses le veut ainsi, ne sont que des besoins moraux.

C'est ici que se trouve toute la question. Chacun sait que les besoins moraux ne sont pas les premiers besoins indispensables des masses. Je fais observer que, par besoins moraux, je n'entends nullement parler des besoins religieux. Cette question reste tout-à-fait étrangère au sujet que je traite.

Je rentre dans la question :

Et d'abord, je divise toute société civilisée en deux classes : celle des hommes qui possèdent, elle forme le petit nombre ; celle des hommes qui ne possèdent pas, elle forme le grand nombre.

Ces deux classes d'hommes ont des besoins différens.

L'une a des besoins factices ou moraux ; elle les doit à sa richesse.

L'autre a des besoins réels ou physiques, elle les doit à sa pauvreté.

La première de ces classes, par la nature de ses besoins, est difficile à satisfaire, et par conséquent difficile à gouverner. Mais, comme je l'ai fait observer, c'est la classe du petit nombre : délaissée par l'autre classe, elle ne peut rien ; il suffit au gouvernement, de la force publique qui lui est confiée, pour faire face en tout temps, et pour comprimer les factieux qui tenteraient de sortir de ses rangs.

La seconde classe, par la nature de ses besoins, est facile à satisfaire, et par conséquent facile à gouverner : et si l'on désire savoir pourquoi les tourmentes politiques nous ont appris que le peuple, le plus sensible et le plus généreux, pou-

1*

vait se prêter aux tentatives les plus coupables et les plus atroces, on en trouvera la cause dans l'indifférence que les gouvernans ont toujours apportée (croyant la chose impossible, sans doute;) *à l'avenir* de la classe nombreuse. Cette imprévoyance a toujours mis cette dernière classe à la discrétion de la première, qui, ainsi que je viens de le dire, par sa nature, par le trop plein de son existence, recèle toujours dans son sein des cerveaux ambitieux, des factieux, enfin qui se tiennent continuellement aux aguets de la misère du peuple (seule circonstance qui puisse le faire bouger), afin de l'entraîner à l'exécution de leurs coupables complots.

Le peuple est, par sa position sociale, porté à la tranquillité. Il lui faut un motif non moins impérieux que la faim, pour lui faire méconnaître la soumission aveugle qu'il doit à ceux qui le gouvernent. Il a un guide trop sûr dans son bon sens, pour se jeter légèrement au nombre des factieux. Ce bon sens lui crie que dans de semblables démêlés, ce qui peut lui arriver de plus heureux, c'est d'échapper à la balle ou à la baïonnette qui le menacent. Il lui crie, enfin, que les succès, s'il y en a, ne sont pas pour lui.

Assurer du pain au peuple, mettre cette partie la plus importante de sa nourriture à l'abri de toute incertitude; doit être, *surtout en France*, l'objet des plus grandes sollicitudes du pouvoir. *Le pain, en France*, est une barrière d'airain mise entre le peuple et les novateurs. Eh! que sont les projets des malveillans, si le peuple ne les

soutient ! Jamais le bras nerveux de l'artisan ne
secondera des intentions perturbatrices, dès l'instant que lui et sa famille auront du pain à un taux
modéré. Inutilement alors on tentera de le dis-
traire de ses pénibles travaux, pour courir des
chances incertaines ; il sera sourd à toutes les ins-
tigations. Ce qui trouve ici sa place, c'est cette
remarque qu'en général le malheureux est plus
tendre père, et par conséquent homme plus crain
tif. Et cela se conçoit : sur sa tête repose l'avenir
de toute sa famille. Le lendemain de ce qu'il aime
est sa quotidienne pensée ; tout ce qui peut le lui
rendre incertain, ne peut que l'effrayer.

J'ai cru devoir entrer dans cette légère disgres-
sion, pour mieux faire sentir si la solution, que je
vais offrir à la question soumise, est celle qui lui
convient.

Regardant le passé qui ne nous appartient plus,
et ne m'occupant que du présent et de l'avenir,
qui sont notre lot, j'avoue avec toute la bonne foi
possible, mais peut-être à mon désavantage, que
je suis loin de comprendre l'utilité de tous les projets avoués aujourd'hui pour arriver (car c'est là
le but qu'on leur prête à tous) à un état de choses
qui soit une garantie de la stabilité du trône et de
la prospérité publique. Examiner toutes les insti-
tutions, toutes les associations auxquelles ce noble
but a donné naissance, n'est pas mon affaire. Je
n'en parle un instant ici que pour faire remarquer
que les hommes, même les plus capables, vont
souvent chercher, dans des régions inconnues, des

moyens pour arriver au bonheur, tandis que la prévoyante nature les a mis sous leurs pieds, sur la terre qu'ils habitent.

Qu'il me soit permis de le demander : n'a-t-on pas assez essayé de parler au moral de l'homme depuis que les sociétés existent, et peut-on se flatter d'avoir définitivement obtenu les résultats qu'on s'en était promis, je veux dire cette obéissance durable de la masse des gouvernés envers les gouvernans! Ne serait-il pas temps, enfin, de joindre à ces moyens d'autres moyens non moins péremptoires, et de se persuader que, partout où l'on voit un homme vivant, on est sûr de trouver une existence; qu'une existence a évidemment des besoins physiques, tandis qu'elle ne laisse que supposer des besoins moraux?

Si ce que j'avance rencontrait des incrédules, je leur dirais : regardez les deux extrémités de la vie, l'enfance et la vieillesse. De quels besoins réels sont-elles tributaires? Qui doute que l'être qui pourvoit à leurs besoins physiques, ne soit pour eux tout l'univers?

Je choisis et j'appelle préférablement l'attention sur ces deux époques remarquables de notre vie, parce qu'alors la nature chez l'homme, soit parce qu'elle commence, soit parce qu'elle finit, se laisse plus facilement deviner, et parce qu'enfin les observations faites sur ces deux âges, ne peuvent laisser d'incertitude sur la priorité des plus urgens besoins de l'homme parvenu à son état de force, époque chez lui où les besoins physiques et moraux sont si multipliés et semblent si enlacés, surtout chez la classe aisée, que beaucoup de personnes pourraient croire qu'il y a, entre ces deux besoins, parité d'exigence. Croire ainsi serait une erreur; je pense du moins l'avoir démontré.

Les hommes sensés et de bonne foi conviendront donc avec moi, en définitive, que la classe populeuse sera plus facilement gouvernée avec du pain, qu'avec des paroles. Dieu sait que je n'exclus pas la puissance de ces dernières, mais je crois fermement qu'elles ne sont que le second levier social. Moins de conceptions intellectuelles, plus de projets matériels, et le pouvoir sera toujours certain d'être entendu.

Et de fait, de quoi s'agit-il donc avant tout dans une société ? n'est-ce pas d'y vivre ? Tant que cette question, la plus importante de toutes, n'y aura pas été résolue, est-il raisonnablement permis aux Gouvernemens de s'occuper d'autre chose ?

Qu'ils se persuadent donc bien que leur puissance sera à jamais, du moment qu'ils auront à jamais assuré la subsistance de la masse populeuse. Ce devoir rempli, ils règneront en paix, car dès-lors le virus social sera expulsé. Et, pour accomplir ce devoir en France, il ne faut aux hommes qui le peuvent, que le vouloir, pour que la chose se fasse. En voici la preuve :

La France produit en blé, année commune, quelque chose au-delà de ses besoins. Cette richesse, première nécessité du peuple français, ne peut donc lui manquer, à moins qu'elle ne soit abandonnée aux incertitudes de l'imprévoyance.

Mais, dès l'instant qu'il est reconnu que la

France produit en blé au-delà de ses besoins, rien ne me semble plus facile que de ne plus connaître, sous ce rapport, les besoins.

Et dès l'instant encore qu'il est aussi reconnu que le blé est, en France, la source première de la tranquillité publique, rien ne me semble plus utile que de se l'assurer à tout jamais.

La facilité d'une part, l'utilité de l'autre part, sont des raisons assez fortes, pour déterminer chacun à reconnaître l'urgence du moyen proposé, d'autant que ce moyen convient à tous les intéressés, c'est-à-dire au pouvoir qu'il rassure, aux producteurs dont les espérances se réalisent, et aux consommateurs auxquels il procure une nourriture toujours offerte à un prix modéré.

Finalement, il faut que le pouvoir autorise l'établissement d'une association territoriale pour les blés, association impérieusement nécessaire; car tantôt le blé est à vil prix, alors le cultivateur est malheureux; tantôt le blé est cher, et dès qu'il est cher, il devient rare, alors le peuple est malheureux, et la tranquillité publique est menacée jusque dans ses fondemens.

Pour remédier à ces deux graves inconvéniens, il faut discipliner ce produit de notre agriculture, le diriger dans la circulation, et pourtant lui laisser toute sa liberté. Cette liberté, cette direction, cette discipline, seront les résultats immédiats de l'association proposée.

***

Tous les jours on vante l'esprit d'associations formées dans un but utile. Il y a peu de jours en-

core, que S. Exc. le Ministre des affaires ecclésias-
tiques et de l'instruction publique, en faisait l'a-
pologie, dans la séance du 25 mai dernier. Et,
quelle association aura jamais mieux mérité de
l'humanité, de la société, et évidemment du trône,
que celle qui aura pour unique but, la prospérité
du cultivateur, basée sur la garantie donnée au
peuple d'un pain quotidien, toujours offert à un
prix modéré! Et la conséquence de cette garantie
est, pour les moins clairvoyans, la mort des
émeutes populaires, seuls mouvemens dangereux
pour un Etat.

Comme je l'ai déjà dit plus haut, la France re-
cueillant en blé au-delà de ses besoins, n'aurait
jamais dû connaître les disettes affreuses qui l'ont
ravagée. Ces disettes qui, toutes dévastatrices
qu'elles furent, n'ayant été réellement, pour la plu-
part, que le résultat de l'imprévoyance, de la mal-
veillance ou de la cupidité, n'auraient jamais existé,
si une sollicitude capable avait veillé sur les blés.

Mais, ou je m'abuse, ou je vois d'ici quelle a
été de tout temps la pierre d'achoppement dans
une affaire de cette importance. L'or aura toujours manqué aux monarques ou aux philantropes,
pour, en se portant acquéreurs de la totalité des
abondantes moissons, devenir les sages dispensa-
teurs du pain quotidien. Nul doute que s'ils l'eussent pu, ils se seraient empressé d'exécuter un
projet qui valut au fils de Jacob l'immortalité.

Mais l'or est-il indispensable dans l'espèce dont
il s'agit? Je n'hésite pas à déclarer que non; et je
le prouve.

L'or et l'argent sont des métaux précieux : ils le sont, parce qu'ils sont devenus signes représentatifs des choses utiles aux besoins des hommes en société. Indépendamment de la valeur qu'ils ont comme signes représentatifs des choses, ils en ont une qui leur est particulière, et qu'ils tiennent de leur nature, c'est-à-dire de leur rareté, et de l'impuissance où sont les hommes de les créer.

Mais il est évident que si les choses dont les hommes ont besoin, avaient pu se transmettre avec la même facilité que l'or et l'argent, les hommes auraient toujours préféré la réalité des choses à des métaux qui n'en sont que les images ; et, s'il en était ainsi, je veux dire si les choses étaient transmissibles, portatives et logeables, comme le sont l'or et l'argent, nulle contestation que la société serait plus heureuse, parce qu'elle pourrait plus facilement pourvoir à ses besoins de tout genre, vu que les transactions seraient plus faciles. Tout le monde convient, surtout maintenant, que l'or et l'argent ne sont pas suffisans dans la circulation, pour faire face à la représentation des richesses réelles que les hommes possèdent. Et c'est ainsi que l'agriculture, et en général les provinces, manquent souvent de signes représentatifs, soit pour faire leurs transactions particulières, soit pour faire leurs paiemens à l'Etat ; et ce, quoiqu'ils soient entourés de richesses premières ; telles que blé, fruits, bestiaux, etc.

Un signe représentatif, qui serait au blé ce que le billet de la banque de France est à l'or, serait donc une valeur bien précieuse et bien utile.

Elle serait utile, parce qu'elle faciliterait les transactions.

Elle serait précieuse, parce qu'elle représenterait une richesse-première.

Je dirai même que, dans l'espèce, le signe représentatif doit être préférable à l'or, puisqu'il rend à la circulation une richesse qui, jusqu'à ce jour, est restée inerte dans les greniers, ainsi que le seraient des lingots d'or enfouis dans des caves, et qui ne seraient point représentés.

Le crédit ne pourrait manquer d'environner ce signe. En effet, qu'est-ce qui fait le crédit? c'est la confiance. Mais la confiance ne se donne, ou ne veut ordinairement se donner qu'à la puissance, sous quelque forme qu'elle apparaisse, ou qu'on la suppose. Par exemple, la banque de France a un grand crédit : à quoi le doit-elle? C'est au concours des valeurs métalliques qu'on sait lui être confiées, et dont elle dispose pour ses besoins.

Qui doutera, après ce fait cité, qu'une association territoriale pour les blés, n'obtienne une grande confiance, et par suite un grand crédit, puisque ce crédit pourra se fonder sur le concours de richesses agricoles, plus indispensables aux besoins des hommes, que ne le sont les métaux les plus fins et les plus rares.

De tout ce que je viens de dire il s'ensuit :

1° Que les émeutes populaires sont les seules émeutes vraiment dangereuses.

2° Que le peuple ne prend jamais part aux séditions, quand il a du pain à bon marché.

3° Que la formation d'une association territo-

riale pour les blés, pouvant seule assurer à jamais
en France, le pain à un prix toujours modéré, et
relever en même temps le courage de l'agriculture,
devient une mesure qu'il est indispensable de
prendre.

4° Que, pour atteindre le but que cette association doit se proposer, de grands.capitaux lui
seraient nécessaires; mais que la création d'un
signe représentatif, dès l'instant qu'il repose sur
une valeur aussi positive que le blé, peut et doit
lui en tenir lieu.

Enfin, et en dernière analyse, il est évident que
rien n'est plus dangereux que l'insouciance, que
l'imprévoyance où l'on est en France, pour ce qui
touche à l'avenir du premier besoin du peuple.

Avec l'esprit de spéculation qui existe et qui
est poussé jusqu'au délire, il suffira d'une seule
mauvaise année, pour nous donner la disette; et
quarante-huit heures d'impérieux besoins suffi-
sent, pour amener dans l'arène un lion indomp-
table qu'inutilement alors on tentera de maîtriser.

Rien ne peut plus convaincre de la proximité
de mauvaises récoltes, que les années d'abondance que nous venons de connaître : car il n'y a
de durable et de fixe en ce monde, que la gloire
et la puissance de Dieu.

Suite de l'Exposé du 1er juin 1826.

J'ai tenté d'une manière sommaire de satisfaire
à la question de savoir, *comment on pouvait éta-*
blir, d'une manière durable, l'ordre et la stabilité
dans notre société. Pour y parvenir, j'ai cherché

à anatomiser le corps social français, et l'examen que j'en ai fait m'a appris :

Que ce colosse se compose de 30 millions d'individus;

Que ce colosse connaîtra plus ou moins *l'ordre* et *la stabilité*, du moment qu'il sera plus ou moins satisfait dans ses besoins ;

Que ce colosse enfin ne peut avoir d'autres besoins que ceux qui sont inhérens aux parties individuelles qui constituent son tout.

Or, son tout, comme je l'ai dit, se compose de deux classes distinctes. Mais ces deux classes n'en formeraient qu'une, soumise aux mêmes besoins, c'est-à-dire à des besoins presque exclusivement physiques, si la *richesse*, en devenant le partage de la première classe, n'avait fini par la dénaturer, je veux dire par lui faire croire, en lui offrant chaque jour au-delà du nécessaire, que le nécessaire n'était pas une première nécessité.

De cette situation sociale où la nature des choses a placé cette première classe, naquirent bientôt les besoins moraux, j'entends par ces besoins, les plaisirs ou les peines imaginaires, les projets chimériques, etc., etc.; ce qui m'a fait dire que cette première classe, ne plaçant le bonheur que dans la réalisation des besoins de l'imagination, ne voulant habiter que le champ sans bornes des illusions, était très-difficile à gouverner.

Par suite de cette investigation du *corps social*, j'ai remarqué aussi que la première classe, quoique la plus riche, n'était pas, pour le pouvoir, (constitué comme il l'est de nos jours) la classe la plus dangereuse. Jaloux du pouvoir, parce qu'elle en est voisine, elle voit bien naître dans son sein des ambitieux, des mécontens; mais, comme je l'ai fait remarquer : *Que peuvent les mécontens, sans le secours du peuple !*

Ce sont ces différentes observations qui m'ont porté à démontrer que l'autorité était sûre, en pourvoyant aux besoins raisonnables, mais bien impérieux de la seconde classe, d'élever à tout jamais un rempart insurmontable contre les révolutions qui, je le répète, ne peuvent, en général, être consommées que par les masses, parce que les masses sont la force elle-même, et que la première vérité, dans un monde physique, est, en dernière analyse, la force physique.

Mais, ce que j'ai omis de dire dans le premier écrit dont je donne ici l'analyse, c'est que, si la classe qui possède, est, par sa nature, difficile à gouverner, on ne peut pourtant contester son importance et son utilité dans l'ordre social dont elle fait partie indispensable. Aussi, le pouvoir doit-il consacrer une somme de sa sollicitude à la prospérité des produits provenant des possessions de cette classe, et faire tout ce qui dépend de lui pour qu'elle conserve cette prépondérance qu'elle ne doit jamais perdre, surtout dans un état monarchique.

C'est pour concilier ces deux genres de soins du pouvoir envers ces deux classes, que je sollicite *l'autorisation de l'association territoriale pour les blés.*

Par cette mesure morale, politique et finan-

cière, le pouvoir fera face non-seulement aux besoins présens et à venir des prolétaires, mais encore arrêtera, comme par magie, le morcellement
si progressif des terres, morcellement nuisible et
incompatible avec l'ordre de choses voulu dans
une monarchie.

L'association territoriale, conçue dans les vues
et sous l'influence du pouvoir, ne peut manquer
d'atteindre et de satisfaire les besoins sociaux que
je viens de signaler. Elle deviendra le sceptre de
la monarchie, et le pivot sur lequel reposeront
désormais des intérêts différens, étonnés de se
trouver ensemble attelés au char de l'Etat, et d'y
faire, pour la première fois, de communs efforts
pour le conduire rapidement au sommet de la
prospérité.

Note du 1er juin 1827.

Ces réflexions de M. M** de V** ont été adressées en juillet
de l'année dernière à diverses autorités, par M. Collière, de
Nancy, auteur du Plan de l'Association territoriale pour les
blés. Il offre de démontrer, en présence de délégués des Ministres des finances, de la justice et de l'intérieur, comment
cette association pourrait être mise en mouvement, par un
moyen qui prescrirait que les grains de la réserve ne pussent être
vendus ni au dessous, ni au-dessus des prix qui servent de limite
à l'importation ; que leur emploi fût par conséquent toujours
obligé avant la consommation d'un seul grain de blé étranger ;
enfin, qu'ils fussent représentés par des rescriptions que des
administrateurs responsables, offrant de suffisantes garanties,
délivreraient pour valoir, à ceux qui en seraient porteurs,
un intérêt de trois pour cent par an, et le montant des grains
au prix absolu de la limite d'importation, dès que la mercuriale
générale, insérée dans le *Moniteur* du 1er de chaque mois, le

coterait à ce prix. Il ne pourrait jamais en être fait aucune déduction quelconque, tant pour frais d'administration et autres, que pour ledit intérêt de trois pour cent, quand bien même la vente des réserves n'aurait lieu que dans vingt ans et plus. C'est-à-dire que ces rescriptions rapporteraient aux propriétaires, outre l'intérêt de trois pour cent, le prix net, par hectolitre, de

24 fr. dans la 1re classe de départemens.

22   dans le 2e *idem.*

20   dans la 3e *idem.*

18   dans la 4e *idem.*

Voilà ce qu'il était réservé au temps de révéler, et de faire indiquer par le Gouvernement des Bourbons et les deux Chambres législatives, dans deux rapports de leurs commissions, les seules pièces dont M. Collière s'appuiera pour prouver la solution du problème *contre la disette et la vileté du prix du blé en France.* M. Collière n'a cessé, depuis douze ans, de s'occuper de cette importante question, ainsi qu'il conste par les tableaux et imprimés qu'il a adressés à ce sujet aux Ministres et aux Chambres, en avançant toujours, par leurs lumineuses discussions, dans la perfection du mouvement financier de l'association territoriale pour les blés. Aussi ne devra-t-on considérer que comme renseignemens ses précédens imprimés, de même que sa lettre, du 15 mars 1825, *à MM. les Banquiers et Agens de change de Paris.* M. Collière se trouve avoir pour condisciples, amis et anciens camarades des armées, plusieurs riches banquiers français et étrangers. Cependant il ne s'est lié avec aucun pour le mouvement financier de l'association projetée, parce que, vu la commission réservée, dans cette affaire, aux banquiers qui signeront les rescriptions, il pense que la préférence ne devra être accordée qu'à ceux qui procureront le plus d'avantages aux propriétaires de blé, en assurant le plus fort intérêt aux rescriptions qui représenteront la valeur des blés, c'est-à-dire que l'intérêt projeté de trois pour cent, pourrait s'élever jusqu'à trois et demi et même quatre pour cent, d'après l'explication qui en a été donnée à S. S. le pair de France duc d'Escars.

Suite de la *Note du* 1er *juin* 1827.

L'auteur du plan de l'association territoriale pour les blés, a laissé dominer ses esprits, aussi depuis long-temps, par une autre question où ont échoué jusqu'à ce jour, comme pour celle *contre la disette et la vileté du prix du blé*, les hommes du plus grand mérite. Il croit que cette grave question, *la liberté des journaux, sans limite et sans danger, sous le régime représentatif*, a été résolue aussi par les deux Chambres législatives qui ont voulu qu'il fût ajouté à la loi du 25 mars 1822, *que toute offense pût être réfutée dans le même journal où elle aurait eu lieu :* c'est ce qui forme l'article 11 de cette loi, pour la satisfaction de l'intérêt particulier. Il ne s'agit plus, pour les Chambres, que de demander l'application de cette mesure à l'intérêt de la société, en arrêtant que les *quatre journaux qui attaquent les actes de l'administration publique, et que les quatre journaux qui les défendent, soient obligés de se prêter réciproquement, tous les jours, une des huit colonnes de leur feuille*, afin que les attaques ne soient plus propagées isolément des défenses. Car les Français qui ne restent pas continuellement dans leur cabinet ou dans des salons et des assemblées où ils voient toujours les mêmes visages; les Français enfin qui vivent au milieu de leurs concitoyens, ne peuvent s'empêcher d'avouer, en se mettant la main sur la conscience, que les défenses sont faites dans des feuilles qui restent aussi étrangères à la généralité, que si elles s'imprimaient pour les habitans

2

de la Chine. Au moyen du système en vigueur
pour les journaux, avec ou sans la censure, les
esprits ne se nourrissent que d'accusations : de là
cette déconsidération, cette désaffection que ceux
qui lisent dans nos consciences, nomment une
épidémie morale. Et quel est le pays qui pourrait subsister long-temps avec la désaffection ! Plus
il est populeux, plus sa ruine est certaine. « Tout
» royaume divisé contre lui-même, périra. » C'est
le divin législateur qui l'a dit : et le premier pouvoir de la société qui en émane, a dit aussi : « Qu'il
» était temps de préserver la liberté de la presse
» elle-même de ses propres excès. » C'est donc la
question d'urgence, et où il s'agit d'être ou de
n'être pas. Les motifs de la mesure proposée, et
approuvée par bien des personnes, sont développés
dans plusieurs notes accompagnées des opinions
écrites par un Conseiller d'Etat et par un Député,
véritablement amis de leur pays : elles sont entre
les mains de la Chambre des Pairs, depuis deux
mois, et elles serviront à appuyer la pétition qui
lui est adressée sur cet objet, à la date du 2 juin.
Ces notes manuscrites étaient rédigées avant le
discours de la Couronne. Ce fut donc une erreur
de la part de M. le député comte de Sesmaisons,
d'avoir dit dans son rapport des pétitions, que
M. Collière en avait adressé une contre le projet
du Gouvernement (*journaux du 1er avril*). M. Collière ne critique pas. Il sait, avec tout le monde, que
rien n'est plus facile que la critique, et de faire
paraître mauvais ce qui est bon. Pénétré donc
combien la controverse est facile et avantageuse

ou désavantageuse, suivant les positions, M. Collière renverra toujours à qui de droit (à Louis XVIII
et aux deux Chambres), la propriété des deux
moyens d'ordre et de stabilité, *qui l'ont occupé
uniquement depuis la restauration.* Sera-t-il taxé
de présomption, quand il est avéré que tant de
personnes s'occupent, avec plus ou moins de succès, de tant de choses diverses dans le cours d'une
année. Et ses occupations improductives, seront-
elles taxées de folie, quand il est avéré aussi que
que M. le préfet vicomte Villeneuve de Barge-
mont, et tous les Députés du département de la
Meurthe, n'ont pu, malgré leurs pressantes et ré-
cidives recommandations, lui faire obtenir des
occupations productives, à cause du grand nombre de solliciteurs plus habiles ou plus heureux
que lui! Il est vrai de dire aussi que si M. Collière
ne s'est fait que des amis, pour la question en faveur de l'agriculteur et du consommateur, il a dû
rencontrer toutes les passions dans la question
des journaux, surtout quand il a fait distribuer un
petit imprimé à la Chambre des Pairs, en 1821,
pour la suppression de la censure que nous avions
alors : pénétré que les mêmes causes produiraient
les mêmes effets, il voulait aussi alors la même
condition qu'aujourd'hui, et même un peu plus
généreuse pour tous. Mais, *autres temps, autres
mœurs!* Voici l'une des preuves authentiques de
sa soumission sincère au régime voulu en France
par le Roi et la révolution des siècles.

Paris, le 19 juillet 1821.

Le Chancelier de France, à M. Collière, à Nancy.

« J'ai reçu, Monsieur, et j'ai fait distribuer à la
» Chambre des Pairs, les 300 exemplaires que
» vous m'avez adressés de votre dernier écrit sur
» les journaux, quoiqu'il ne me paraisse pas trop
» de nature à être pris en considération, quand on
» ne s'occupe que de prolonger le droit de cen-
» sure accordé au Gouvernement par la précé-
» dente loi. Ce ne sera qu'au moment où les
» Chambres s'occuperont d'une loi générale,
» qu'elles pourront discuter les moyens répressifs
» ou préventifs qui leur sont présentés.

  » Recevez, Monsieur, etc.

    » *Signé :* D'AMBRAY. »

Quoique M. Collière demandât alors, avec toute
la portion de la France qui comprend le régime
représentatif, l'abolition de la censure, cependant c'était à une condition, afin qu'on ne fût
plus obligé de revenir à cette question, et de ne
pas perdre dans des discussions de colère, ce que
toutes les richesses de la terre ne peuvent racheter, le temps.

Si cet écrit tombe entre les mains d'un journa-
liste, il s'écriera : pourquoi ces deux questions
d'économie politique, traitées ensemble ? — C'est
qu'il en est une qui est la compagne inséparable
de toutes les autres, *la liberté, la vérité pour tous
également.* — Pourquoi, dira-t-on aussi, réveiller

le chat qui dort? —Il ne dort pas même d'un œil.
D'autres s'exprimant moins vulgairement, diront :
pourquoi réchauffer la question ?—Elle n'est pas
refroidie : voyez comme elle est brûlante dans
l'article 4 de la loi du 17 mars 1822 ! Ne sait-on
pas la *réserve* que le pouvoir a obtenue des deux
Chambres! Et il faut aussi l'avouer (car ce maudit
intérêt particulier se fourre partout), cette réserve, la censure qui ruinerait et les journalistes
et celle de nos libertés d'où dépend toutes les
autres, ruinerait aussi, *de fond en comble*,
l'une des personnes qui attachent Collière à la
vie. Au surplus, le moyen conservateur dont
il s'agit, s'il doit être pris en considération, ne
pourrait être l'objet d'une discussion sérieuse que
dans la session prochaine, si Dieu permet que
nous vivions jusque là. Espérons que celui de qui
nous tenons la paix et notre point de ralliement,
les Bourbons et la Charte, et la Charte et les
Bourbons, nous fera jouir long-temps de son
ouvrage. Cependant craignons de l'offenser par
des discussions trop vives et trop prolongées :
cherchons les moyens vrais de calmer les esprits,
pour rester français, s'il est possible. Les deux
moyens qui sont proposés ici, pour la prospérité de l'agriculture, source de toutes les autres,
et pour nous préserver d'une épidémie morale,
appartiennent aux trois pouvoirs législatifs, ou
ne saurait trop le répéter. S'il en est de meilleurs,
qu'on s'empresse de les indiquer; et que surtout
l'esprit si facile de controverse ne les fasse pas
ajourner indéfiniment.

On croit devoir transcrire ci-après littéralement les écrits qui ont été adressés en manuscrit à diverses autorités en 1826, par l'auteur du plan de l'association territoriale pour les blés. Ces écrits n'offriront plus le même intérêt, depuis la lecture de l'*Exposé des motifs*, par M. M*** de V*** dans la première feuille. Mais, attendu qu'ils ont été, non pas le principe, mais la cause de cet *Exposé des motifs*, quand ils n'auraient que ce mérite, ils doivent être connus, parce qu'ils pourraient être la cause encore d'autres réflexions qui viendraient fortifier tout ce qui a été dit en faveur de l'urgence de l'association territoriale, et de l'utilité du signe qui représenterait les blés mis en réserve, pour le compte de cette association.

Sa Seigneurie le pair de France le duc d'Escars, disait dans la séance du 2 avril 1824 : « Il manque » à l'agriculture et au commerce, pour faciliter » les échanges dans les départemens, des signes » représentatifs plus transportables que l'argent. » Le même noble Pair disait, cette année, à l'auteur du plan de l'association territoriale : « Si l'ex- » trême gêne de la France vient de la rareté des » signes représentatifs de la richesse nationale, » l'embarras de l'Angleterre est survenu et sur- » viendra toujours de l'excès du contraire. » Ne pourrait-on pas, à l'égard de cet embarras d'un jour de la riche Angleterre, donner la raison suivante ? C'est que les signes représentatifs n'étant que pour le pays où ils sont créés, et même pour les localités (les billets de la banque de France

n'ont de cours qu'à Paris), un peuple aussi spéculateur et aussi voyageur que le peuple anglais,
doit finir par exporter une grande partie de son
numéraire. De là cette nécessité où s'est trouvé la
maison Rotschild, il y a peu de temps, de faire
transporter promptement à Londres des monceaux
d'or. Mais il ne suffit pas qu'un peuple ait besoin
d'or, il faut encore qu'il ait le droit d'en recevoir.
Telle est donc, quant aux signes représentatifs,
la différence entre l'Angleterre et la France, sous
le même système de gouvernement, c'est que l'embarras de l'une ne sera que d'un jour, et que l'extrême gêne de l'autre sera continuelle, tant que
l'on n'y favorisera pas *un système de crédit plus
étendu*, comme le réclamait le noble pair duc
d'Escars, dans son discours du 2 août 1824, sur la
loi de finances de 1825.

C'est dans l'esprit des observations ci-dessus
que l'auteur du plan de l'association territoriale
pour les blés, a rédigé l'écrit suivant, qui était des-
tiné à être publié plus tôt, et auquel il n'est besoin
de rien changer.

DU MOYEN[1]

D'ÉVITER LA VILETÉ DU PRIX DU BLÉ,

CAUSE

DU DÉCOURAGEMENT DE L'AGRICULTURE,

ET

DU MORCELLEMENT A L'INFINI DE LA PROPRIÉTÉ,

AVEC TOUS SES DANGERS.

« Je connois, j'apprécie l'importance de la
» protection que je dois à l'agriculture :
» il y a beaucoup à faire, et je prendrai
» les moyens nécessaires pour arriver au
» but que nous devons *tous* désirer d'at-
» teindre. «

Paroles de CHARLES X.

(1) Premier écrit manuscrit.

ANNÉE 1826.

NOTE PRÉLIMINAIRE.

Les grands dignitaires du royaume, qui ne se lassent pas de veiller sur ses plus chers intérêts, auront entendu d'un unanime accord, le noble pair comte Chaptal qui, au nom d'une Commission, dans la séance du 22 juin dernier, commençait ainsi son rapport :

« Messieurs, de tous les établissemens que le
» Gouvernement peut former ou *favoriser,* ceux
» qui intéressent l'agriculture sont, sans contre-
» dit, les plus utiles ; nos Souverains ont senti de
» tout temps cette vérité. Ce n'est ni d'une rou-
» tine aveugle ni de théories de cabinet, qu'on
» doit attendre les lumières nécessaires, pour
» porter l'agriculture au degré de prospérité dont
» elle est susceptible.

Ce premier corps de l'État aura entendu du même accord le noble pair duc de Brissac, qui, au nom de la Commission pour la loi des finances, disait, dans la séance du 29 du même mois de juin dernier, relativement au vil prix du blé :

« L'espérance du cultivateur ne renaîtra que
» lorsque la limite de l'importation aura été éle-
» vée, et nous espérons que le Gouvernement
» méditera sur le vœu exprimé a cet égard dans
» l'autre Chambre..... La France est rassurée par
» la fertilité de son sol ; mais le découragement
» peut s'emparer de l'agriculteur ; et on peut voir
» reparaître ces disettes qu'une politique craintive

» aurait appelées, en croyant les prévenir. Le
» commerce à son tour souffrirait de la gêne des
» campagnes. Celui qui vend moins, consomme
» moins. Vainement les fabriques multiplieront
» leurs produits ; si les acheteurs manquent, la
» fabrication s'arrêtera ; et cette prodigieuse acti-
» vité à laquelle chaque année semble ajouter,
» ne trouvant plus d'alimens, il en résulterait un
» malaise universel. »

Ces vives inquiétudes, ces justes doléances ré-
pétées chaque année par les deux Chambres, et
les intentions bien connues du Gouvernement,
de relever le courage de l'agriculture, par tous les
moyens raisonnables qui lui seront indiqués, tels
sont les motifs qui feront excuser le zèle des personnes sans mission, pour s'occuper de cette importante matière, mais qui n'oublieront jamais
ces paroles patriotiques que Charles X a léguées
à toute sa postérité : « *Je compte sur les Français*
» *pour m'aider à faire leur bonheur.* »

. En cherchant à donner un prix à la valeur inerte
de nos blés, par un système financier que s'em-
presseront de perfectionner les bons citoyens qui
étudient le mouvement que nos besoins donnent
aux choses, l'auteur de cet écrit n'est pas sorti du
cercle étroit de ses connaissances, parce qu'outre
les notions laissées par son père et son grand-
père, qui ont passé chacun plus de cinquante
années dans la culture et le commerce du blé, il
a lui-même partagé toute sa vie entre cette partie
et celle des finances. Il le fait remarquer, pour
qu'il ne soit pas tout d'abord taxé de présomp-

tion à l'égard d'un mouvement dont il a conçu
tous les avantages, *même dans l'état actuel de la
législation sur les grains,* mouvement qui pourra
être adapté à d'autres produits, tels que laine,
tabac en feuille, huile, vin, etc., dont s'occuperont sans doute, par la suite, les hommes qui ont
une parfaite connaissance de ces principales sour-
ces de la richesse nationale. En attendant, il dé-
clare que, pour son compte, il ne prétend à
aucune de ces actions dites d'industrie, relativement à l'association territoriale qu'il a conçue pour
les blés; trop heureux, s'il a pu avoir une inspi-
ration utile à son pays, sous l'auguste famille des
Bourbons.

COLLIÈRE,

Auteur de l'écrit de 1824 et 1825, distribué aux deux Chambres,
et intitulé : *du Moyen de venir au secours de l'Agriculture
réduite à vendre aujourd'hui son principal produit au-des-
sous des frais de culture.*

DU MOYEN

D'EVITER LA VILETÉ DU PRIX DU BLÉ,

CAUSE

DU DÉCOURAGEMENT DE L'AGRICULTURE, &

ET

DU MORCELLEMENT A L'INFINI DÉ LA PROPRIÉTE,

AVEC TOUS SES DANGERS.

La Chambre des Députés, par l'organe de sa Commission, pour la loi des substitutions, a dit : « Que le projet du Gouvernement n'avait pas paru » dans les bureaux, un remède assez efficace à » tous les *dangers* dont nous menace déjà le mor- » cellement de la propriété foncière. »

La Chambre des Pairs, dans sa séance du 31 juillet 1824, a exprimé la nature de ces *dangers*, par la cessation des travaux, qui proviendrait de la vileté du prix du blé, tombé depuis ces deux années écoulées, à cinq pour cent encore plus bas; et elle faisait, en même temps, par l'organe de sa Commission, des respectueuses représentations, « pour que le Gouvernement, par les moyens » connus qui sont en son pouvoir, remédiât à une » telle détresse, afin de prévenir des malheurs » qu'elle ne pouvait envisager sans effroi. »

Louis XVIII et *Charles X* n'ont cessé d'expri- mer aussi les vœux les plus ardens en faveur de l'agriculture dont la prospérité se révèle à l'esprit le plus simple, lorsque les frais de culture avec l'impôt, sont inférieurs au prix du blé, et dont la ruine, avec ses funestes conséquences, ne peut être méconnue, sans crime, par l'homme d'Etat, lorsque ses frais excèdent le prix du blé, quand bien même elle serait soulagée de tout impôt.

Les Ministres qui, après le Roi, les Pairs, et les héritiers du trône et de la Pairie, sont les plus intéressés au bonheur public, par conséquent à la prospérité de la plus ancienne et la plus utile des industries, verront tous les vœux exaucés, et s'évanouir toutes les craintes, en mettant en action ces paroles vraiment royales, prononcées l'année dernière en présence de deux Chambres réunies, par l'empereur Alexandre (1).

« Les propriétés foncières, vrai soutien de l'E
» tat, appelaient un indispensable soulagement :
» vous avez senti la nécessité de venir à leur se
» cours. Les *obstacles* qui pourraient entraver le
» développement de l'association territoriale, *se*
» *ront écartés ;* et à la faveur de son influence, de
» l'active sollicitude qui en dirigera l'exécution,
» de l'*assistance* particulière que le Gouverne
» ment a garantie, pour les cas où les bienfaits
» de la loi se trouveraient insuffisans, vous ver
» rez, j'aime à le croire, s'effacer les dernières
» traces de vos infortunes. »

Ces infortunes, pour une nation aussi essentiellement agricole que la France, doivent être traduites par la vileté du prix de son principal produit, cause du découragement, et par conséquent de ce *morcellement* à l'infini, qui, dans une mau

---

(1) Journal des Débats du 27 juin 1825.

vaise année, quoique précédée de plusieurs bonnes récoltes, donne à la cupidité un langage si universel, un mouvement si rapide, qu'il fait du peuple des vendeurs à la baisse, un peuple de spéculateurs à la hausse; du peuple le plus généreux et le plus sensible, un peuple d'égoïstes les plus cruels, et capables de créer la famine au sein de l'abondance, comme nous avons vu dans l'année 1816, qui avait été précédée de récoltes les plus abondantes.

Qu'importe à l'artisan, au journalier, de ne payer aujourd'hui le pain mi-blanc qu'à deux sous au lieu de deux sous et demi constamment? Que lui importe cette légère différence temporaire, si plus tard son travail ne peut lui procurer du pain pour sa famille, parce qu'il faudrait qu'il le payât quinze sous la livre, ainsi que cela est arrivé en 1816 et 1817, dans les pays les plus productifs en blé? C'est alors que tout travail cesse, que les usines, les manufactures sont ruinées, faute de la véritable matière première en France, et que toutes les cotisations deviennent impuissantes, pour venir au secours des nombreux malheureux que fait l'insatiable cupidité qui deviendra toujours plus active, depuis que, sans la fortune, il est impossible de jouir des plus beaux droits civils, ceux d'électeurs et d'élus, pour parvenir ensuite à tous les honneurs que le noble orgueil permet d'ambitionner. Telle est la maladie qui assiége le plus d'esprits, et qu'on se dissimulerait en vain, parce qu'elle s'étendra toujours davantage sous le régime représentatif.

Ainsi, la substitution à un ou plusieurs degrés
étant remplacée dans nos ‚mœurs, par les illusions de l'ambition et de la fortune, la loi ne sup-
pléera pas aux grandes réserves naturelles d'autre-
fois, qui ne peuvent plus exister, depuis la divi-
sion des grandes propriétés, et la suppression des
grandes corporations. Elle n'empêchera pas,
comme l'ont pensé tous les bureaux de la Chambre des députés, le morcellement à l'infini, dont
S. Exc. le président du Conseil vient de prouver,
par chiffre, l'effrayante progression. Rien ne
pourra faire que ce qui est survenu, par la force
des choses, ne soit pas. Mais aussi rien n'est plus
facile de nous préserver des dangers dont les deux
Chambres et les Ministres nous voient menacés,
et de conserver à l'auguste famille des Bourbons,
l'un des plus beaux héritages de la terre, malgré
son morcellement qui ne pourra plus être arrêté
que par l'intérêt personnel de l'agriculteur mieux
compris, et par des *Ministres* qui voudront sans
doute, en encourageant l'association territoriale
pour les blés, faire fructifier les paroles de
Charles X , lorsqu'au renouvellement de cette année, il crut ne pouvoir mieux exprimer ses vœux
pour la France, qu'en disant : « Je saurai gré à
» tous ceux qui seconderont mes intentions, pour
» faire fleurir l'agriculture si importante à la pros-
» périté de mon royaume. »

MOTIFS ET CONDITIONS

DE

L'ASSOCIATION TERRITORIALE POUR LES BLÉS,

SOUS

LES RAPPORTS POLITIQUES ET DES INTÉRÊTS.

MOTIFS:

Elle a pour objet non-seulement d'éviter la vileté du prix du blé, et la disette factice ou réelle, mais encore d'accroître la fortune et le crédit publics, par un signe représentatif dont le prix aurait un cours qui ne pourrait jamais être inférieur à sa valeur nominale, et dont la somme totale serait égale à celle de la réserve en blé qui ne pourrait excéder, dans chaque département, les quantités fixées à l'avance, par les statuts approuvés par le Gouvernement. Ces grands approvisionnemens si utiles en temps de paix, préserveraient les deniers publics de marchés onéreux en cas de guerre, où il faut faire alors les plus grands sacrifices, pour que tout reste calme dans l'intérieur.

CONDITIONS:

Elle s'interdit tout achat de blé; et celui qui sera mis en réserve, pour son compte, par les propriétaires et fermiers garans les uns des autres dans chaque canton, devra être transporté sur les lieux de marché, non avant, mais aussitôt que le prix se sera élevé à celui auquel l'introduction des grains étrangers est permise, afin que la classe ouvrière, même lors des mauvaises récoltes, ne

paye jamais plus de deux sous et demi dans les
provinces, et plus de trois sous à Paris, la livre
de pain, jusqu'à l'entier écoulement des réserves;
ce qui donnerait au prix de la journée de travail
une fixité qu'elle n'a pas encore eue.

Les censeurs près cette association seraient des
Pairs et des Députés au choix du Roi. Le direc-
teur serait choisi parmi les plus forts intéressés, et
qui auraient acquis le plus de connaissances posi-
tives sur cette matière.

INTÉRÊTS.

Le signe représentatif qui aurait tous les avantages du papier, sans laisser redouter aucun de
ses désavantages, et qui a été si vivement désiré
par un Pair de France, dans la séance du 2 août
1824, jouirait d'un intérêt de trois pour cent, qui
serait aussi exactement payé que les rentes sur
l'État, et sans que, ni cet intérêt, ni les frais de
silo, ni ceux d'administrations centrale et dépar-
tementale fussent jamais prélevés sur la vente des
réserves à l'unique profit des propriétaires de
grains, à raison de 18, 20, 22 et 24 francs l'hectolitre, suivant les classes de départemens auxquels
les réserves appartiendraient.

Quel est le propriétaire qui ne consentirait à
mettre du blé en réserve à de semblables conditions? Et, d'après un autre avantage *limité*, et que
nous nous réservons de faire connaître, quel serait
le banquier ou le grand capitaliste qui n'ambi-
tionnerait de faire partie des membres du conseil
d'administration de cette association, pour re-

3

vêtir et accréditer de son nom le signe représentatif dit rescription, qui serait délivré au propriétaire du blé mis en réserve, afin que, sur le
dépôt ou la vente de sa rescription, il pût tout de
suite se procurer l'argent dont il aurait besoin,
pour se livrer aux améliorations que notre agriculture réclame si impérieusement.

ACTES
DES TROIS POUVOIRS.

Rien ne serait plus facile aux Ministres que de
voir réaliser, aussitôt qu'ils le désireraient, pour la
chose publique et l'agriculture, ces grands avantages basés sur les propres actes du Gouvernement,
et sur la législation actuelle des grains. Il n'est
pas nécessaire de faire de nouvelles recherches.
Tout a été dit; tout a été certifié véritable par le
pouvoir. Il faut seulement que ce que la Chambre
des Députés a reconnu juste, après deux mois de
l'examen le plus approfondi de documens officiels
fournis par le Gouvernement du Roi, soit encore
juste aujourd'hui; il faut que la majorité du dernier
comité secret et sa commission, et le Président du
Conseil aient eu raison de reconnaître que les lois
d'importation et d'exportation étaient insuffisantes
pour favoriser notre agriculture; il faut que le
Ministre de l'intérieur ait eu raison de dire, dans
l'un de ces comités secrets, que la proposition de
l'élévation de la limite d'importation, avec une
augmentation de droit, était équivalente à la demande d'introduire la famine au sein de l'abondance, d'après la fièvre des spéculations, qui va

aujourd'hui jusqu'au délire; il faut enfin que l'état de souffrance de l'agriculture, avoué hier par les Commissions des Chambres, et par les Ministres, ne soit pas supposé demain un état prospère. Alors de cette persévérance dans le système légal et de la bonne foi, synonymes de confiance et crédit, jaillira la source la plus abondante de notre prospérité, parce que si aucun homme d'Etat n'ignore aujourd'hui que la cessation des travaux agricoles et industriels, la misère, le découragement, le morcellement à l'infini, la famine, et tous les maux proviendront de la vileté trop prolongée du prix du blé, il n'en est aucun non plus qui ne sache que les blés de plusieurs récoltes, entassés sur les greniers des propriétaires, sans être représentés, ne sont pas plus à la richesse nationale et au crédit public, que ne seraient au profit d'une banque, des lingots et des barils d'or et d'argent qu'elle aurait dans ses caves, et qui ne seraient représentés par aucun signe.

SUR LES SIGNES REPRÉSENTATIFS

ET SUR LE DÉCLASSEMENT DE LA RENTE.

Nos devanciers dans le système représentatif ont constaté qu'à mesure que la richesse nationale est représentée, le commerce, l'agriculture et l'industrie prennent de l'extension, la levée des impôts devient plus facile, le capital de la rente du crédit s'élève; etc., etc. Mais ils ont constaté aussi que ces avantages, les seuls qui constituent le bonheur d'un grand peuple au dix-neuvième

siècle, ne peùvent venir que des garanties sociales
qu'il offre moins encore à ses propres yeux qu'à
ceux des étrangers. Ces garanties ne sont autres
que l'exacte observance de lois non ambiguës, qui
ne puissent être modifiées que du consentement
de tous légalement représentés, afin que l'amour
des lois puisé dans les mœurs et la divine reli-
gion, fasse mouvoir toute la nation comme un
seul homme, au jour du danger. Alors on ne dira
jamais de cette nation que plus elle est populeuse,
plus elle est foible par sa désunion, et plus on
doit lui faire payer cher les emprunts auxquels
elle est forcée de recourir ; alors on ne craindra
jamais le déclassement de la rente de son crédit,
pour se porter à telle action ou à tel signe représentatif ; car, si la rente sera le partage des hommes
du repos, les actions et tous les signes représentatifs quelconques seront le partage des hommes
du mouvement. Alors enfin on pourra calculer la
force et la richesse de cette nation, par la bonté
de son sol et le nombre de ses citoyens.

Telle est là manière dont nos Princes prouvent
tous les jours qu'ils veulent que soit comprise la
forme du Gouvernement qui nous régit, pour
offrir toute sécurité au dedans et au dehors.

Ainsi, tous d'accord sur ce principe vrai, que
plus la richesse nationale augmente par sa représentation, plus le crédit public s'élève, on ne
craindra jamais le déclassement de la rente, pour
accourir au signe représentatif du blé. Mais il fallait d'abord rappeler cette sécurité que nous of-
frons à l'étranger, pour être convaincu que tout

l'or monnoyé des deux mondes qui, comme l'eau
cherche partout son niveau, accourra, et à ce signe
représentatif, et à nos rentes assises sur une forte
somme de richesses premières. Nous nommons
richesse première celle du blé, parce qu'avec celle-
là bien ordonnée, quoiqu'en toute liberté, les
lois ne seront jamais violemment changées, et que
sans elle, eussions-nous toutes les autres richesses,
nous devrions redouter tout ce que nos souvenirs
pourraient nous retracer de plus affreux.

PROPOSITION.

Assez heureusement inspiré, lors de la dernière
cherté, pour avoir fait distribuer un secours de
mille francs par le maire de Maubeuge, et une
certaine quantité de froment, à vingt-six ménages
les plus nécessiteux d'une autre Commune (*Journal
de Paris*, du 14 juin 1816, où il n'est pas nommé),
l'auteur du plan de l'association territoriale pour
les blés, ne parle de ces faits, que parce qu'il
croit qu'ils seront son meilleur titre aux yeux du
Pouvoir, pour obtenir l'insigne faveur de donner,
en présence de personnes au choix du Gouvernement, la preuve de l'existence

DU MOYEN

d'éviter la vileté du prix du blé,

CAUSE

du découragement de l'agriculture,

et

du morcellement à l'infini de la propriété,

avec tous ses dangers.

Fin du premier écrit manuscrit.

PÉTITION[1]

A

LA CHAMBRE DES PAIRS,

POUR

*La liberté des journaux, sans limite et sans danger,
par l'application à l'intérêt de la société, de
l'article additionnel que l'intérêt particulier a
dicté dans la loi du 25 mars 1822.*

« Il est temps de préserver la liberté de la presse
» du danger de ses propres excès »
Paroles de CHARLES X.

---

(1) Quatrième écrit manuscrit.

PARIS.

AVRIL 1827.

Paris, le 10 avril 1827.

Nos seigneurs,

Le soussigné, sans mission, mais autorisé comme tous les Français, par les paroles de son Roi, a l'honneur d'exposer à Vos Seigneuries, qu'il croit utile à l'intérêt général, que Sa Majesté soit suppliée de faire proposer par ses Ministres, *que les quatre journaux qui attaquent, et que les quatre journaux qui défendent les actes du pouvoir, seront constamment obligés de se prêter réciproquement une des huit colonnes de leur feuille.*

Image des Chambres législatives et des tribunaux, où toutes les opinions sont en présence, image aussi de la nature, qui n'a pas voulu que le froment crût dans un champ, et l'ivraie dans un autre, cette mesure aussi facile que celle qui fut ajoutée par l'intérêt personnel à la loi du 25 mars 1822, sera le complément de l'article 11 de cette loi, parce qu'elle fera sortir, pour la société, le remède de la source même d'où la mort s'échappe.

Les observations ci-jointes exposeraient, d'une manière trop imparfaite, les motifs de cette proposition, si le patriotisme et les lumières de Vos Seigneuries ne devaient y suppléer, dans le cas où elles la jugeaient propre à former une conscience publique dans le pays.

Pénétré de reconnaissance et d'admiration avec tous les Français, pour la sagesse des délibérations de la Chambre haute, le soussigné supplie Vos Seigneuries d'agréer l'hommage de son profond respect.

André-Antoine COLLIÈRE.

Quelques-uns des Motifs de la Pétition
(Note 1, page 46).

Ce n'est que lorsqu'on aura donné l'explication
de ce qu'on entend par l'opinion publique ou la
conscience publique, qu'on s'épargnera bien du
temps et des difficultés dans les discussions relatives
à la liberté de la presse. Un homme de la masse
des 30 millions, qu'on nommerait bien plutôt un
pauvre d'esprit, qu'un grand génie, disait que l'opinion publique n'était pas l'opinion d'un Ministre ou
de l'un des membres des deux côtés opposés de la
Chambre des Députés; qu'elle ne résultait pas de
l'opinion de l'un ou de l'autre, mais de l'un et de l'autre; que, par conséquent, tant que l'image fidèle de
la Chambre des Députés ne serait pas représentée
durant et après les sessions, dans des tableaux sy-
noptiques parallèles et moraux, dits les journaux,
il n'y aurait jamais d'opinion publique. Et qu'est-ce
qu'un pays où il n'y a pas de conscience publique!
Plus il est populeux, plus il serait facile de comp-
ter, pour ainsi dire, les jours de son existence politique. Vous aurez beau créer des commissions
dans votre sein pour empêcher vos rires et vos
bravo; vous aurez beau dire qu'il faut détruire
Carthage, qu'il faut écraser l'infâme (la licence);
vous aurez beau crier à la calomnie, à l'injustice,
à l'impiété, la généralité n'aura pas d'oreilles pour
vous entendre, n'aura pas d'yeux pour vous lire.
Tant que vous oublierez la société, pour ne vous
occuper que de vous-mêmes qui n'êtes pas tou-

jours assemblés ; tant que vous n'adopterez pas
pour la société, l'unique moyen de faire sortir le
remède de la source même d'où la mort s'échappe,
la généralité se formera une opinion haineuse, qui
ne sera pas la conscience publique, et qui pourtant sera consciencieuse, parce que, ce qui n'est
qu'une affaire d'intérêt, ou d'ambition de la part
de ceux qui font de l'opposition dans les journaux,
(un seul (1) excepté), devient une affaire de conscience pour les masses qui la lisent, et auxquelles
les journaux défenseurs des actes du pouvoir, restent aussi étrangers que s'ils s'imprimaient en
langue turque. Tant que ce dernier fait restera
caché au Roi et à ses Ministres, ceux-ci ne pourront jamais conseiller à Sa Majesté l'application du
véritable remède au mal avoué dans le discours de
la Couronne : ils feront plus que de ne pas conseiller cette application; ils la repousseront et la
feront repousser par leurs amis.

Le laissez-aller si commode et si commun dans
les affaires de ce monde, nous fait consentir souvent à ce que disent, ou à ce que désirent nos amis.
Ce n'est pas de la générosité, et c'est plus que de
la faiblesse dans les affaires publiques. Car, pour
ne pas déplaire à d'imprudens amis, nous deve-
nons ingrats envers la patrie, qui est dans le

---

(1) L'opposition de ce journal ne saurait être mieux com-
parée qu'à ces paroles de Saint Jean Chrysostôme, lorsqu'il
arrachait des justes fureurs du peuple l'orgueilleux Eutrope,
a qui il disait : *Pourquoi avez-vous méprisé nos conseils ? les
blessures faites par des mains amies, valent mieux que les em-
brassemens de celui qui vous hait.*

cœur même de celui qui la blesse. L'homme public qui reconnaît sa propre erreur, loin d'affaiblir son mérite, en rehausse tout l'éclat aux yeux des gens de bien ; car il est plus facile de se faire de la réputation, que d'avouer ses faiblesses, en dépit de cette conscience qui a été placée en nous par le Juge suprême, pour être le supplice anticipé des hypocrites aux âmes sèches et altières. Plus la fortune élève les hommes vertueux, plus ils sentent leur faiblesse, leur responsabilité. Et c'est alors que plus ils s'abaissent, plus ils s'élèvent, quand ils disent devant les mandataires du pays : « Voilà un projet de loi que nous vous présentons » au nom du Souverain : améliorez-le autant que » vous le pourrez, et vous nous trouverez prêts à » vous seconder. » Assurément ceux-là qui s'exprimeraient ainsi ne mériteraient pas que la conscience publique s'élevât contre eux : et pourtant les masses n'ont jamais été autant disposées à les honnir et à se mettre en mouvement contre eux : c'est qu'il faudrait encore qu'ils voulussent éviter d'être surpris et cernés par un ennemi vigilant, qui s'empare de tous les postes : il faudrait que, pénétrés de leur haute mission, et aussi courageux que sans remords, ils reconnussent le pouvoir qu'ils ont d'attirer cet ennemi (l'ambition mécontente), sur un terrain égal pour la défense comme pour l'attaque, afin que la victoire ne pût jamais être indécise, et que par conséquent, l'opinion des masses ne fût plus faussée. Dira-t-on que le mensonge continuerait à être exposé avec tant d'art, qu'il l'emporterait toujours sur la vérité.

Quelle hérésie! *Dieu n'a-t-il pas fait l'homme droit* (chap. 7, verset 3o de l'Ecclésiaste.) En est-il un seul qui ne saurait distinguer la vérité du mensonge, quand ils seraient publiés l'un à côté de l'autre, ou à un jour de distance (note 2, pag. 47). L'un des défenseurs des actes du pouvoir, le *Journal de Paris*, a dit, dans sa feuille du 12 avril dernier : « L'esprit de critique injuste et passion-
» né qui s'attaque à tous les actes du Gouverne-
» ment, parvient à fausser l'opinion des masses. »
La prudence qui est la fille de la sagesse, conseil-
lerait aux hommes du Pouvoir de ne pas mépriser un tel avis ; et s'ils en étaient bien pénétrés, en s'adressant à l'élite de la nation, ils lui demande-
raient si les moyens adoptés en projet par les man-
dataires du pays, sont bien ce qu'il faut pour évi-
ter que l'opinion des masses ne soit faussée ; et cette élite leur répondra : « Que puisque la liberté des
» journaux est la condition première du système
» qui fait voter les impôts par les mandataires de
» ceux qui les produisent, il faut bien se garder
» de se rendre coupable de la déception la plus
» honteuse pour une grande nation, en cherchant
» à détruire cette liberté par des mesures plus pré-
» ventives que répressives ; mais que, pour éviter
» que l'opinion de la généralité ne soit faussée, il
» faut arrêter que les journaux qui attaquent
» ou qui défendent les actes du pouvoir, se prê-
» teront réciproquement une des huit colonnes de
» leur feuille ; parce que c'est ainsi que le feu sacré
» sera entretenu même dans les journaux qui enfan-
» tent ou qui prônent les libelles à l'égard desquels

» tout a été déjà prévu sous les règnes précédens. »
Tels sont les avis que la sagesse de l'élite de la
nation donnera aux hommes qui les demandent,
qui les implorent pour le salut public, parce qu'ils
ont dans le cœur le noble sentiment de la patrie,
et qu'ils ne voudront jamais, de guerre lasse, pour
faire adopter des projets de lois, répéter ces paroles affligeantes d'un autre défenseur des actes
du pouvoir, *l'Étoile*, qui a dit dans sa feuille aussi
du 12 avril dernier : « Les libéraux trouvent au-
» jourd'hui indulgence et protection parmi les
» ambitieux mécontens pour des excès auxquels
» l'impunité donne encore plus d'audace et de sé-
» curité. *On* leur passe les attentats contre la re-
» ligion et contre les mœurs, pourvu qu'ils ne se
» ralentissent pas dans leurs attaques contre le
» Gouvernement. Celui-ci, par le résultat de ces
» combinaisons, se trouve donc quelquefois dé-
» nué de ses plus fidèles appuis. » Et c'est vous qui
le diriez ; vous ne craindriez pas que, pour rendre indestructibles les haines, on ne désignât les
appuis auxquels vos paroles font allusion, et qui
laissent impunis tous les excès. Tout cet article
de *l'Étoile*, s'il était signé, semblerait vouloir dé-
noter un grand courage ; mais n'est-ce pas le courage du désespoir !

Rassurez-vous pour nous rassurer ! Consentez à
un moyen qui vous rendra la considération des
masses ; pour être forts, d'après les chiffres et d'après
la raison, *faites-vous les rois de la reine* qui mène,
ébranle tout ce qui ne la mène pas. Qu'importe
la liberté de ses mouvemens, si vous en êtes le

pivot qui ne soit pas *le roseau peint en fer!* Alors passant de l'image de l'impuissance à celle de la force, qui n'est pas de l'arbitraire, on n'ira plus chercher la garantie des droits et des existences autre part que sous votre égide : alors tout reviendra vers vous au même instant, pour vous aider à sauver la chose publique ; vous ne serez plus *dénués de vos plus fidèles appuis.*

- On ne doit jamais désespérer de sa cause, quand on a la conscience d'une mesure de salut ; non d'après l'expérience des hommes que leur rang ou le genre de leurs travaux tient constamment éloignés des classes inférieures, mais d'après l'expérience de ceux qui, par le besoin de vivre et de faire vivre, sont dans de continuelles relations avec la masse des 30 millions. Si les Conseils généraux des départemens qui ont réclamé des mesures contre les dangers des journaux, sans détruire leur liberté, eussent été consultés sur ces mesures, il n'y en a pas un qui n'eût dit que, vu les lois déjà existantes, il suffirait que les attaques des actes administratifs fussent constamment réfutés sur le même terrain, ainsi que les doctrines anti-sociales, à moins que l'administration ne soit du cynisme, et la société un mot vide de sens, pour les Députés destinés tour à tour à seconder les Ministres jusqu'à une nouvelle catastrophe : il faut seconder les Ministres, il n'y a pas de gouvernement représentatif sans cela ; mais, avant tout, il faut sauver la société, pour que la société sauve la septennalité, avec les Ministres et avec elle-même.

FIN.

NOTE PREMIÈRE.

Ces motifs étaient écrits avant le retrait de la loi de la presse, de même que ceux qui sont déjà entre les mains de la Chambre des Pairs, étaient aussi écrits avant le discours de la Couronne. C'est principalement sur ces derniers motifs non publiés que repose l'urgence de la proposition. M. le député conseiller d'Etat comte de Frénilly que je n'ai jamais vu, mais à qui la note renfermant ces motifs a été communiquée, comme à l'un des hommes qui, dans leurs discours à la tribune, paraissent animés consciencieusement de l'amour du bien public, et à qui il a été demandé en même temps, si cette note devait être mise au néant, ou si elle était digne d'être connue, a bien voulu répondre la lettre ci-après :

Paris, le 11 mars 1827.

« J'ai lu avec autant d'attention que d'intérêt, la note » de M. Collière, où j'ai trouvé beaucoup d'*esprit* (1), de » bons sentimens, et une idée ingénieuse qu'il n'est mal- » heureusement pas possible d'offrir à la Chambre des Dé- » putés, au point où la discussion est parvenue. M. Collière » a encore devant lui la discussion de la Chambre des » Pairs.

» Je le prie d'agréer, etc.

» *Signé* : Comte de FRENILLY. »

---

(1) Je souligne l'esprit, parce que je jure que c'était l'une des choses à laquelle je croyais devoir le moins prétendre, aujourd'hui qu'il est avéré que tout le monde en a beaucoup plus que moi. Cette infériorité est suffisamment expliquée dans la dernière page de mes observations manuscrites qui sont entre les mains de la Chambre des Pairs, avec la lettre de ce conseiller d'état, et qui prouvent combien peu sont intéressans les hommes qui ont *de bons sentimens et des idées ingénieuses,* mais pas d'esprit.

Copie de la lettre de Mgr. le Président de la Chambre des Pairs, en date du 20 avril 1827, à M. Collière.

« Monsieur, la pétition (1) que vous m'aviez adressée sur
» les journaux, avait été renvoyée à la Commission de la
» presse. Les pièces reviendront dans quelques jours au
» secrétariat du comité des pétitions, où vous pourrez
» vous présenter pour les retirer.

» Recevez, Monsieur, l'assurance, etc.

» *Signé :* LE CHANCELIER DE FRANCE D'AMBRAY. »

NOTE DEUXIÈME.

Combien de fois n'ai-je pas reconnu en moi-même une
prévention qui aurait été jusqu'au mépris et à la haine du
Gouvernement, si, après avoir lu les insinuations des
journaux de l'opposition contre ses actes, je n'avais eu
soin de lire le lendemain les journaux défenseurs de ces
mêmes actes. Quand on n'entend qu'une partie, il est
impossible d'être impartial dans l'opinion qu'on se forme
des hommes et des choses. J'en ai vu tant d'exemples à
mon égard, qu'il est écrit dans ma conscience, que l'o-
pinion des masses sera toujours faussée, tant qu'elles

---

(1) Ici il y a erreur : ce n'était pas une pétition, mais seulement des renseignemens ; et comme je me décide aujourd'hui
à user de ce droit de pétition, je crois devoir les laisser où ils
sont pour être examinés, s'il y a lieu. C'est dans ces renseignemens, qui étaient écrits avant le discours de la Couronne (ainsi
qu'il est constaté par ma lettre du 10 octobre à Mgr d'Hermo-
polis), que j'exprimais que tout avait été dit sur la question
de la presse, et qu'il fallait bien se garder de perdre dans des
discussions oiseuses pour le bonheur de la société, ce que
toutes les richesses de la terre ne pourraient racheter, le
temps.

n'entendront que la partie accusatrice des actes de l'administration; et que c'est par le plus inexplicable des en-
têtemens que *sera* repoussé le seul moyen de faire connaître la vérité à ces masses : je dis le plus inexplicable,
parce que se soucier peu que la généralité soit ou ne soit
pas induite en erreur sur les actes de l'administration, si
ce n'est une preuve du mépris qu'on fait de l'estime publique, c'est tout au moins la preuve de cette indifférence de ce laissez-aller qui a fait dire à Rivarol : « Que
» le pire des malheurs était de mériter son malheur. »

*Copie de la lettre de M. Collière, en date du 10 avril,
à M. *** banquier à Paris.*

Vous m'obligerez, mon cher ami, de faire imprimer
au plus tôt la pétition ci-jointe avec ses motifs, pour être
distribuée aux deux Chambres. Vous l'accompagnerez si
bon vous semble, de votre opinion sur le moyen proposé,
qu'elle lui soit ou non favorable : car celui qui, pour les
questions d'intérêt public, désire la louange ou craint la
critique, c'est qu'il n'est pas encore assez convaincu d'une
utilité qui seule doit subjuguer les esprits, et les faire dé-
cider dans ces sortes de matières.

Je vous renouvelle l'assurance, etc.

Signé : COLLIÈRE.

Le banquier à qui cet écrit était adressé, doit, pour
ainsi dire, sa fortune à Collière, qui l'a fait jouer à la
hausse sur les cinq pour cent, et sur les actions de la
banque, lors du retour des Bourbons, à cause de la confiance que lui inspirait ce retour miraculeux pour lui. Le
banquier ne pouvoit donc refuser le service qui lui était
demandé. Mais tel est aujourd'hui l'empire des opinions,
qu'il tenait absolument à ce que cet écrit fût terminé par
quelques phrases d'opposition de sa façon, et qui étaient

d'un style trop inconvenant pour que M. Collière pût y consentir, bien que ce banquier les eût accompagnées de
son nom. S'il se fût contenté de dire que, « Pour le
» bien de la mesure, il fallait la commencer avec un nou-
» veau ministère; que rien ne pourra relever celui-ci du
» discrédit où l'opposition l'a fait tomber dans l'esprit des
» masses; que toute idée qui ne sortait pas de son cerveau
» était reléguée dans les paniers, quelque généreuse qu'elle
» fût. » S'il n'avait pas accompagné ces phrases de plusieurs
autres un peu trop dures, M. Collière eût pu consentir
à cette publication qui n'aurait été que la répétition de
ce que l'opposition dit journellement; mais la manière
dont le reste était exprimé, dépassait même celle des ar-
ticles les plus virulens des journaux de l'opposition ; et
tout le monde avouera que ce n'est guère le moyen de
faire goûter à l'administration les mesures qui lui sont pro-
posées. L'écrit est donc resté là; en le publiant aujour-
d'hui on fait savoir que la pétition dont il s'agit n'a pas
été adressée à la Chambre des Pairs, parce que les *motifs*,
faute d'être imprimés, ne pouvant être connus par tous
les nobles membres de cette Chambre, c'eût été exposer le moyen proposé à la défaveur d'un ordre du jour,
qui, peut-être n'aurait pas eu lieu ; mais, dans le doute,
il vaut mieux s'abstenir : et c'était d'autant plus le cas ici,
que si la proposition qui doit être l'objet d'une loi, eût
été prise en considération, on n'en aurait pas été plus
avancé pour cette année. Le moyen est donc offert, jusqu'à la session prochaine, aux méditations des personnes
qui sont le plus intéressées à l'adoption *des moyens d'ordre et de stabilité.*

DE LA SOLUTION,

PAR LES TROIS POUVOIRS LÉGISLATIFS,

DE DEUX QUESTIONS,

Pour que la France reste toujours le plus riche et le plus paisible héritage de la terre, malgré son morcellement à l'infini, et la licence de ses journaux.

NOTE PRÉLIMINAIRE.

Long-temps avant le régime actuel, la classe la plus libérale (ce mot pris dans sa véritable acception) et la plus remplie d'honneur, se laissait subjuguer par un luxe de magnificence, un amour de jouissances factices, qu'elle satisfaisait, sans égard à ses revenus; et cet amour, né d'une civilisation à son plus haut période, était parfaitement secondé par les classes inférieures qui, pour prix et terme de leurs travaux, fondaient l'espoir de leur bonheur dans la possession du morceau de terrain qu'elles arrachaient au grand seigneur.

Telles étaient les mœurs en France, quand elle fut surprise par une révolution qui, à l'opposé de celle d'Angleterre, s'étant consommée en l'absence des premières familles du royaume, a eu des résultats tout contraires, en nous faisant arriver au morcellement à l'infini qu'il n'est plus au pouvoir humain de détruire, mais dont il est facile de pré-venir les dangereuses conséquences.

. Quant à l'effet que peut avoir, sur la pros-périté d'un Etat représentatif, la transmission in-divisible des grandes propriétés, cette question semble être résolue par l'Angleterre; et la chute de notre précédent Gouvernement militaire, avec son système de riches dotations au dehors, pour ses grands dignitaires, semble prouver aussi que ces élémens de la prospérité doivent pousser leurs ra-cines dans la terre nationale. Mais laissons ce qui n'est pas nous, laissons ce qui n'est pas la France avec son régime représentatif vrai, c'est-à-dire avec la liberté des journaux. Il s'agit, non de ce qu'elle n'a pas, mais de ce qu'elle a, et de savoir si l'ordre légitime de succession au trône pourra subsister paisiblement avec une même condition qu'en Angleterre, c'est-à-dire le régime repré-sentatif, et avec un systeme tout contraire, le morcellement à l'infini que le temps nous a donné, et que le temps peut seul nous ôter. Les deux Chambres ont signalé tous les malheurs qui proviendront de ce morcellement, dont le Pré-sident du Conseil des Ministres a prouvé l'ef-frayante progression à la fin de la session. C'est déjà d'une grande sagesse que de dire le véritable état des choses où le mystère n'est pas nécessaire; et quand les premiers corps de l'Etat sont d'ac-cord sur l'objet qui met l'Etat en péril, c'est qu'ils sont bien près d'y appliquer le remède qu'il ap-partenait à leur patriotisme d'indiquer, par l'or-

4*

gane de deux de leurs Commissions, dont ils ont
approuvé les rapports à l'unanimité. C'est ainsi que
les deux contraires de la richesse réelle, *concentrée
en Angleterre*, et *divisée en France, à l'infini*, pro-
duiront les mêmes effets de sécurité et de prospérité. Tel est le but de démonstration que nous
serons admis à faire de la manière que nous dési-
rons, si cette note analytique peut prévenir en
faveur de notre proposition (page 59), dont les
motifs sont un peu plus développés dans les lignes
qui suivent.

PREMIÈRE QUESTION.

DU MORCELLEMENT,
DE SES CAUSES, DE SES DANGERS,

ET

DU MOYEN D'Y REMÉDIER.

CAUSES INÉVITABLES.

La destruction des priviléges, l'abolition du droit
d'aînesse, l'égalité de l'impôt, le partage des biens
communaux, enfin le droit d'être Député, commun à celui qui paye une patente de mille francs,
comme à celui qui paye un impôt foncier vingt
et trente fois plus élevé; à toutes ces causes inévi-
tables d'un morcellement à l'infini qui a été voulu
par nos Rois et par la révolution, il faut ajouter

celle du plus grand mobile de nos actions, l'intérêt personnel de ceux qui ne se rendent acquéreurs de propriétés que pour les vendre par morceaux, afin d'en tirer de cette manière un très-grand profit.

CAUSE ÉVITABLE.

La *mévente* du blé qui, à chaque session est l'objet des respectueuses représentations des deux Chambres, pour que les Ministres y remédient par les moyens qui sont en leur pouvoir, cette mévente qui cause la ruine du propriétaire, l'oblige à vendre souvent un morceau de sa propriété, pour subvenir à ses dépenses les plus rigoureuses, si mieux il n'aime faire un emprunt à la caisse hypothécaire à sept trois quarts pour cent par an, pour cesser bientôt d'être propriétaire.

SES DANGERS.

S'il est vrai de dire que, depuis le morcellement, les terres sont mieux cultivées, et que les habitans des campagnes doivent être plus intéressés à la défense d'un territoire où ils sont presque tous propriétaires, il est vrai de dire aussi que le morcellement à l'infini fait que le peuple des vendeurs à la baisse, dans une bonne année, se transforme, dans une mauvaise année, en un peuple de spéculateurs à la hausse, et capable de causer la famine au sein de l'abondance, comme nous l'avons vu dans l'année 1816, qui avait été précédée de plusieurs récoltes les plus abondantes, alors que toutes les mers étaient libres, toutes les

frontières ouvertes, et que même le roi de Prusse
avait ordonné des envois considérables de grains,
pour venir à notre secours; mais la cupidité pa-
ralysa tout. En se reportant à ces temps qui nous
appartiennent, on se souvient qu'en présence
d'une force étrangère, le patriotisme éveillé, tous
les sacrifices, tous les sentimens les plus généreux
ne purent former une digue assez puissante contre la cupidité dont le langage universel fait que
son mouvement est aussi rapide que celui de l'é-
lectricité. Aussi parvint-elle alors à faire payer
jusqu'à quinze sous la livre de mauvais pain dans
plusieurs départemens les plus productifs. Ayant
su se faire livrer au poids de l'or, jusqu'au blé de
semence, afin d'exciter tous les besoins à la fois,
« On voyait d'infortunés paysans essayer de brou-
» ter l'herbe ou de ronger l'écorce des arbres, et
» de pauvres ouvriers se grouper à la porte du
» riche, et implorer la mort, pour prix d'un tra-
» vail qui ne pouvait plus les nourrir. » (*Mémoire
de M. Ternaux.*) Ce que la cupidité osa alors,
elle l'osera toujours, sous le régime légal où la
loi fait le pouvoir. Ainsi ce morcellement, avec
ses cruels effets, bien plus effrayant par les moyens
caducs qui lui seraient opposés, que par son ex-
cessive progression, cet état de chose si différent
de celui de l'Angleterre, pour l'hérédité, quoique
sous un régime semblable de liberté, a dû laisser
dans les âmes françaises le sentiment d'un danger
imminent. Elles se souviennent que le rapport fait
au nom de la Commission de la Chambre des
Députés, pour la loi de substitution, dans le but

de remédier aux dangers du morcellement, exprime que cette disposition conservatrice n'étant malheureusement aujourd'hui pas plus dans nos mœurs que le droit d'aînesse, nous laisse sur le bord de l'abime ; enfin qu'il ne faut plus qu'une année de mauvaise récolte pour voir la France populeuse bouleversée de nouveau sur tous les points à la fois ; car, quel serait le trésor assez riche, quelles seraient les cotisations assez puissantes pour éviter le désespoir des nombreuses victimes de la cupidité et de l'ambition, ces deux passions qui affligent le corps social d'une maladie que le patriotisme alarmé veut bien nommer indéfinissable, par un esprit de convenance pour les mandataires devant lesquels il s'exprime ?

DU MOYEN

De prévenir les dangers du Morcellement, et des avantages qui en résulteraient.

Il ne suffit pas aux âmes françaises d'avoir le sentiment d'un danger ; elles cherchent à le prévenir, pour conserver à l'auguste Maison de Bourbon, la possession paisible du plus bel héritage de la terre, malgré son morcellement ; elles ont sondé cette plaie de l'Etat ; elles ont vu qu'à sa cause naturelle il y en avait une autre forcée, la détresse du reste des grands propriétaires qui ne voudraient pas plus être vendeurs à la baisse que spéculateurs à la hausse, qui par conséquent résistent encore ; mais qui sont sur le point de se laisser entraîner par l'impérieux intérêt personnel.

Ce reste de propriétaires passionnés pour la dynastie régnante, par amour du pays et de la liberté, cette ancre de salut ne sera pas dédaignée, pour le fort de la tempête. Celui qui est au gouvernail secondera les efforts de ceux qui luttent contre le flot qui les engloutirait avec le vaisseau de l Etat. La société viendra à son propre secours, par un moyen conservateur *qui mettra toujours un prix suffisant à la valeur du plus grand et indispensable produit de notre sol ; nous préservera de la cherté dans les années disetteuses ; sera la sauve-garde des deniers publics dans les temps de guerre ; donnera au prix de la journée de travail, une fixité qu'elle n'a pas encore eue, pour la sécurité des manufactures et des grandes exploitations ; renverra dans les campagnes, leurs journaliers dont les villes se surchargent* (1) ; *enfin qui, en mettant en mouvement, par sa représentation, la plus grande richesse nationale inerte et inconnue jusqu'aujourd'hui, portera notre agriculture et notre crédit public à leur plus haut point de prospérité.*

DES ÉTATS DONT LA PROSPÉRITÉ IMPORTE LE PLUS A LA FRANCE.

Tous ces avantages auront également lieu dans les pays agricoles gouvernés par des Princes de la

---

(1) Ici on pourrait encore indiquer un avantage qui plairait essentiellement au cœur des Bourbons. Mais n'y aurait-il pas déjà assez de motifs de regrets, sans ajouter encore celui-là, si notre désir d'être entendu, sur le moyen de réaliser les autres avantages, n'est pas accueilli.

Maison de Bourbon, dès que la marche du temps
leur fera juger que les impôts et les lois devront
y être votés comme en France, afin que le respect
et l'amour des lois puisées dans les mœurs qui
assurent la tranquillité intérieure, produisent la
confiance indispensable aux établissemens de du-
rée, qui sont mus par de vastes associations où
les capitaux indigènes et étrangers viennent se
confondre et se disputer leur emploi. Alors le légitime héritage des Bourbons présentant partout
les mêmes garanties, au dedans et au dehors,
sera comme une espèce de gage solidaire du bonheur des peuples que la Providence a confiés à
leur sagesse.

DE LA LÉGISLATION SUR LES GRAINS.

Il est urgent d'ôter de cette législation *un mot*,
bien que le maintien de ce mot soit si favorable à la
mesure dont il s'agit, qu'il semblerait même être la
condition de son succès. Mais, comme les avantages de cette mesure n'en seront pas moins as-
surés, et que ce mot est capable à lui seul de causer les plus grands malheurs, le législateur ne
saurait trop se hâter de le rayer de la loi. Que le
prix qui sert de limite à l'importation ou à l'exportation soit élevé ou baissé par le législateur, il sait
ce qu'il fait ; mais s'il ajoute entre le mot prix et le
chiffre, un seul *mot*, il ne sait plus ce qu'il fait,
et la limite et la loi ne sont plus que de la méta-
physique. Il n'est personne, tant soit peu au cou-
rant du prix réel du blé, dans chaque localité et
de ses propres ressources, qui ne reconnaîtrait

qu'un spéculateur habile et aux aguets, pourrait,
à l'aide du mot glissé dans la loi, entre le mot
prix et le chiffre, faire élever la livre de pain, jusqu'à six et huit sous dans le midi de la France et
la Corse, sans que le blé étranger pût encore y
être admis en consommation (1). S'il convient de
ne pas laisser détacher du Gouvernement, désaf-
fectionner de nombreuses populations, par une
loi que le besoin impérieux de la faim ferait trouver injuste, il convient aussi que ce ne soit pas là
loi qui offre aux ambitieux le levier le plus puis-
sant dont ils puissent se servir pour soulever les
masses, et faire changer la forme du Gouvernement, etc., après avoir eu le soin d'abord de s'emparer de l'esprit de ces masses, par des sophismes
quotidiens où l'ironie (A) jointe à l'insulte (B),

---

(1) La démonstration de cette assertion est établie dans un
tableau qui sera publié avec la prochaine feuille, où l'on in-
diquera également le prix *maximum* auquel la livre de pain
blanc et mi-blanc pourra s'élever dans les quatre classes de
départemens, sans le secours des grains étrangers, et avec
l'assistance de l'association territoriale. La faculté de la mettre
en mouvement, par un moyen autre que celui dont il s'agit
ici, sera aussi démontrée dans la même feuille, afin de disposer
de suite à l'intelligence des avantages de l'association, ceux
des propriétaires qui savent que le morcellement conduit de
l'isolement à l'égoïsme, et que toutes les monarchies qui se
laisseront surprendre par lui, sans se precautionner ensuite
contre ses dangers, seront transformées en républiques de
sang et éphémères, jusqu'à ce qu'enfin les citoyens soient ré-
duits au plus honteux asservissement. Combien peu de royalistes constitutionnels comprennent les dangers du morcellement !

conduit du mépris à la haine, et de là haine à tous les excès, au jour du malheur. Et comme le Gouvernement représentatif, sans la liberté des journaux qui en est la première condition, serait la déception la plus honteuse pour une grande nation (ce qu'a bien senti Charles X[l] (C), à son avénement au trône), comme donc la liberté des journaux peut subsister avec ses mensonges (D) autant que le Gouvernement représentatif, il est probable que, si cette forme de Gouvernement est dans nos mœurs, elle sera préférée à la vaine conservation d'un mot qui ne servirait qu'à nous replonger dans le chaos, ou, pour le moins, à embrouiller de nouveau le légitime héritage des Bourbons (1).

PROPOSITION

Pour prouver que la Solution de la première Question appartient aux trois pouvoirs législatifs.

Je demande la faveur d'être admis à démontrer en présence de délégués des Ministres des finances, de la justice et de l'intérieur, et avec l'unique assistance de deux rapports faits aux deux Chambres par leur Commission, combien il est facile de faire jouir notre société des avantages indiqués, et qui réaliseront les vœux du Roi, des deux Chambres et des conseillers de la Couronne, en faveur de l'agriculture.

---

(1) Les notes A, B, C, D rédigées en 1826, de même que cet écrit, ont été envoyées à la Chambre des Pairs.

DEUXIÈME QUESTION.

DE LA LIBERTÉ DES JOURNAUX,

Sans limite, sans danger, et sans froisser aucun intérêt d'argent et d'opinion en appliquant à l'intérêt de la société, l'article 11 que l'intérêt particulier a fait ajouter à la loi du 22 mars 1822.

Tout a été dit sur la gravité de la question des journaux, il ne s'agit plus que de trouver le moyen de remédier à leur danger, sans porter atteinte à leur liberté, et sans froisser aucun intérêt.

Les journaux qui attaquent le Gouvernement ou ses actes sont-ils lus par la multitude? Les journaux qui défendent le Gouvernement ou ses actes ne sont-ils pas lus par la multitude, soit parce qu'elle n'en a ni le temps ni les moyens, soit à cause de la répugnance qui lui en a été inspirée par ceux qui se sont emparés les premiers de son esprit? Tel est, il semble, le véritable état de la question.

C'est en vivant continuellement avec les hommes de l'industrie dont l'opinion descend sur toutes les classes inférieures que je me suis pénétré combien il serait urgent que l'une des deux Chambres législatives suppliât le Roi de leur proposer d'arrêter *que les journaux qui attaquent ou qui défendent le Gouvernement ou ses actes, seront obligés de se prêter réciproquement une des huit colonnes de leur feuille.*

La proposition n'a pas besoin d'autre développement : elle sera suffisamment sentie par le législateur qui a déjà résolu cette question par l'article 11 de la loi du 25 mars 1822.

Fin du deuxième écrit manuscrit de 1826.

CONCLUSION.

Ce sont les lignes ci-dessus, rédigées avant le discours de la Couronne, qui ont servi à former textuellement la pétition adressée durant cette session de 1827, à la Chambre des Députés, et dont il a été fait mention à la page 18.

Nous en rapportant désormais aveuglément, pour cette deuxième question, à ceux qui sont plus intéressés que nous aux moyens d'ordre et de stabilité, nous nous bornerons à transcrire ici les seules lignes relatives aux journaux, page 59, de l'écrit *de 1824 et 1825, sur le moyen de venir au secours de l'agriculture, etc.*, écrit distribué aux deux Chambres, conformément à l'accusé de réception du 27 février 1825, de Mgr. le Chancelier de France.

« Le mécontentement ne serait point conscien-
» cieux, et par conséquent il serait de nul danger,
» si l'on pouvait, sans compromettre aucun in-
» térêt, aucune liberté, trouver *un moyen* pour
» que la défense fût à côté de l'attaque dans nos
» catéchismes journaliers. Le mécontentement
» d'ambition subsisterait sans doute encore ; mais
» il n'aurait plus le pouvoir d'égarer, de fanatiser
» les esprits, de les faire passer avec tant de faci-
» lité, de la déconsidération au mépris, du mépris
» à la haine, et de la haine à tous les excès; té-
» moins, etc., etc. Le citoyen qui aurait trouvé *le*
» *moyen* dont il s'agit, aurait bien mérité de ses
» semblables, et surtout de ceux dont la mission
» sur la terre est, avant toute chose, l'ordre moral
» des empires. »

M. Collière est bien éloigné de se flatter d'avoir
trouvé *ce moyen*; mais si, pour avoir eu l'inten-
tion de le trouver, si, pour l'avoir cherché depuis
la restauration, au sein du tumulte des passions,
dans l'esprit de ses concitoyens, de ses amis, de
ses plus proches; si pour, l'avoir entrevu dans
l'œuvre même des trois pouvoirs, dans l'application d'une loi à l'intérêt général, d'après laquelle
la France ne serait plus placée entre la censure et
les dangers de la liberté sans limite; enfin si, pour
une telle recherche où il n'y a d'autre profit que
le dédain de tous, jusqu'à ce que l'autorité soit
réduite à en venir à la mesure extrême pour laquelle elle a toujours montré de la répugnance;
si pour tous ces motifs, M. Collière s'est acquis
quelques titres à la bienveillance du Gouvernement, il demande qu'il lui soit accordé de donner,
comme il le désire, la démonstration du moyen
de mettre en mouvement la banque territoriale
pour les blés.

Les attestations de la fidélité de ses services
aux armées, notamment par M. le baron de la
Bouillerie, qui lui a confié jusqu'à quarante millions à la fois, et par un illustre Maréchal; attestations et services rapportés dans une demande
d'emploi de 64 pages, qu'il a publiée en 1817,
dans l'unique but de se précautionner contre les
dangers du système qu'on suivait alors, et qui
malheureusement devait être suivi jusqu'au 13 février 1820; la note de ses dons de trente-deux
mille francs, en faveur *seulement* du gouvernement des Bourbons, avant la banqueroute que lui

et tant d'autres éprouvèrent en 1817, à cause de
la manifestation de leurs opinions monarchiques,
note qui a été remise par les Députés du département de la Meurthe, dans la séance du 12 mai dernier, à l'un des distributeurs consciencieux des impôts (1); son article dans la *Gazette de France*, du 16
février 1815, alors que notre atmosphère politique
se chargeait des plus noires vapeurs, article rédigé
dans le dessein qu'on se tînt en garde d'un bout
de la France à l'autre, et finissant par ces mots :
« *Qu'il était temps qu'au règne de l'arbitraire suc-*
» *cédât celui de la liberté :* » ce qui l'empêcha
d'être employé dans les cent jours, par l'illustre
Maréchal, devenu alors ministre de la guerre;
son adhésion, rédigée dans le même esprit que
la *Bourbonnienne* de M. le vicomte de Château-
briant, adhésion datée de Mayence, publiée à

---

(1) Je dis consciencieux, parce que dans la crainte de faire
tort aux surnuméraires de son administration qui attendent
aussi, le plus tôt possible, leur part des impôts, cet administra-
teur refuse à un ex-employé de l'Etat, fils d'un employé de
l'Etat, l'emploi dont se démettrait en sa faveur un de ses
frères qui a d'autres ressources, tandis que lui qui a tout donné
a la restauration, et qui n'en a pas reçu une obole, est cer-
tainement le sujet de Sa Majesté qui a le plus besoin d'être
remis promptement en activité de service. Il n'y a aucune
honte à faire de ces sortes d'aveux, quand en même temps on
peut défier ses ennemis de vous reprocher la moindre incon-
duite. Gardons-nous toutefois de pousser des plaintes pour
des douleurs que la Providence a voulu rendre supportables,
comparativement à celles de personnes qui, plus elles sont éle-
vées, plus elles nous ont appris à souffrir et à pardonner, par
amour du pays.

Paris en 1814, et réimprimée en 1817, avec son
nom en toutes lettres, pour affronter avec tant
d'honnêtes gens, le système d'oppression qu'on
suivait alors contre les royalistes ; n'ayant jamais répondu à d'offensives opinions, qu'avec
les égards qu'on se doit dans la même famille,
dans la même société, dans la même patrie qui réclame aussi ses droits; toutes ces choses qui peuvent être considérées comme autant de titres à la
bienveillance du gouvernement du Roi, tout semble devoir faire présumer que M. Collière obtiendra
d'être entendu de la manière qu'il le désire, pour
prouver la faculté de sauver, des mortels effets de
l'inévitable morcellement à l'infini, la monarchie
et le pays, par un moyen conservateur que le
ministère, sans qu'il s'en doute, a révélé aux deux
Chambres, dans les premiers jours de la restauration. On peut donc espérer que si cet écrit est lu
de l'un des amis des Ministres, il aura la volonté
de leur faire connaître l'urgence des motifs de la
grâce sollicitée, parce qu'il est assurément dans
leur cœur de seconder la pieuse sollicitude du
Roi pour ses peuples, et son légitime héritage.

De l'Imprimerie de DEMONVILLE, rue Christine, n° 2.

www.ingramcontent.com/pod-product-compliance
Lightning Source LLC
LaVergne TN
LVHW022023080426
835513LV00009B/854